Liebe Kinder, mit diesem Werkbuch könnt ihr die Tiere im Zoo beobachten und Schlüsse auf ihr Leben und Fressverhalten ziehen. Viel Spaß beim Beobachten und Entdecken!

Inhalt

ARBEITSBLATT 1 4–5
Tierisch gut ausgerüstet –
„Arbeitskleidung, Werkzeug
und Sonderausstattung"

ARBEITSBLATT 2 6–7
Wer lebt wo?
Die Großlebensräume der Tiere

Lebensraum Land 8–25

ABC – die Katze läuft im Schnee 8–13
ARBEITSBLATT 3 – Tiger, Löwe 10–11

Elefanten – die Giganten 14–19
ARBEITSBLATT 4 – Elefant 16–17

Menschenaffen – haarige Verwandte 20–25
ARBEITSBLATT 5 – 22–23
Gorilla, Schimpanse, Orang-Utan

Lebensraum Wasser 26–37

Robben – Fett ist nett 26–31
ARBEITSBLATT 6 – 28–29
**Ohrenrobben, Hundsrobben,
Walross**

Zickezacke Nilpferdkacke 32–37
ARBEITSBLATT 7 – Flusspferd, 34–35
Zwergflusspferd

Lebensraum Luft 38–43

Greife immer auf Streife 38–43
ARBEITSBLATT 8 – Eulen, 40–41
Adler, Falken

Wörter, die mit * gekennzeichnet sind,
findet ihr auf einem gesonderten Arbeitsblatt.

TIERISCH gut

Für jede Sportart braucht man eine besondere Ausrüstung, eine „Sonderausstattung". Welche Sportarten kannst du hier erkennen?

ARBEITSBLATT 1
„Arbeitskleidung, Werkzeug, Sonderausstattung"

_____

_____

_____

Mit dem Zoobuch kannst du herausfinden, welche „Sonderausstattung" die Tiere haben. Diese „Sonderausstattung" gibt dir Hinweise auf ihren „Beruf".

Kennzeichne mit einer Linie:

**Sinnesorgane:
Augen, Ohren, Nase**

Pflanzenfresser haben breite, flache Backenzähne. Diese Backenzähne heißen Mahlzähne. Tiere, die Mahlzähne haben, können kauen. Kauen heißt, dass sie den Unterkiefer seitwärts bewegen können.

Fleischfresser haben dolchartige Eckzähne und spitze Backenzähne. Sie können nicht kauen. Sie können den Unterkiefer nur nach oben und unten bewegen: „schnappen".

ausgerüstet
Achte auf Einzelheiten!

Kennzeichne mit einer Linie:
Körperbedeckung:
Haut, Feder, Fell

3 4
2

Kennzeichne mit einer Linie:
Extremitäten:
Tatze, Hand, Flosse, Fuß, Flügel

Welcher Körperteil gehört zu welchem Zootier?

Der Kopf gehört zum

Der Körper gehört zum

Hinterteil und Schwanz gehören zum

Die Beine gehören zum

1:

2:

3:

4:

Der Flügel gehört zum

Lösung:
1 Löwe, 2 Seelöwe, 3 Gorilla, 4 Elefant, Pinguin, Flusspferd, Tiger, Greifvogel.

5

WER LEBT WO?

**ARBEITSBLATT 2
Lebens-
räume**

Tierklassen erkennst du an ihren Merkmalen:

Merkmal	Tierklasse	Lebensraum
Schnabel + Federn		
Flossen + Schuppen		
Zähne + Fell		

Klasse	Merkmale	Lebensraum
Vögel		
Fische		
Säugetiere		

LEBENS-räume 7

Eigentlich gehören Fische ins _____,
Vögel in die _____ und Säugetiere aufs _____

Einige Vögel und Säugetiere haben ihren ursprünglichen Lebensraum gegen einen anderen getauscht. Wie ihre Körperformen und Fortbewegungsorgane sich verändert haben, kannst du an einigen Beispielen im Zoo herausfinden.

ABC – DIE KATZE läuft im Schnee

Die Haut des Tigers ist auch unter dem Fell gestreift.

Wenn wir an Tiger und Löwen denken, stellen wir uns zumeist heiße Lebensräume vor. Sibirische Tiger müssen im Winter oft bis zu –50°C aushalten. Vor 2000 Jahren kamen Löwen im südlichen Europa vor.

Das Verbreitungsgebiet des Asiatischen Löwen ist heute auf ein kleines Naturschutzgebiet in Indien zusammengeschrumpft. Und den Tigern geht es nicht besser. Auch für sie bleibt immer weniger Platz, weil immer mehr Menschen ihren Lebensraum in Ackerland verwandeln. Heute leben mehr Sibirische Tiger in Zoos als in freier Wildbahn.

Deine Beobachtung:

Tier: _____

Beobachte die Tiere und lies die Informationstafeln am Gehege. Kreuze an.

Kleidung
- [ ] Fell
- [ ] Haut
- [ ] Federn

Fortbewegung
- [ ] Hände/Füße
- [ ] Hufe
- [ ] Pfoten
- [ ] Flossen
- [ ] Flügel

Sinnesorgane
Ohr
- [ ] klein
- [ ] groß
- [ ] beweglich
- [ ] nicht sichtbar

Auge
- [ ] klein
- [ ] groß
- [ ] seitlich
- [ ] nach vorn gerichtet

Nase nach
- [ ] oben
- [ ] unten
- [ ] geradeaus

- [ ] Badet gerne
- [ ] Badet freiwillig nie

Nahrung
- [ ] Fleisch
- [ ] Gras
- [ ] Früchte
- [ ] Fisch
- [ ] Blätter
- [ ] Gemüse

Werkzeug
- [ ] Mahlzähne (kann kauen)
- [ ] Dolchzähne (kann nicht kauen)
- [ ] _____

Das Tier lebt
- [ ] an Land
- [ ] im Wasser
- [ ] in der Luft

ARBEITSBLATT 3
Tiger, Löwe

Entdecken und erleben

Wie viele Tiere sind auf der Anlage?

_____

Welche Tiere kannst du unterscheiden?

_____ Weibchen   _____ Jungtier

_____ Männchen

Die Männchen haben eine _____

Die Männchen sind _____

Was tun die Tiere?
- [ ] Sie liegen
- [ ] Sie laufen
- [ ] Sie stehen
- [ ] Sie fressen
- [ ] Sie trinken
- [ ] Sie baden

AUGEN

Jäger müssen zielen können.

Führe die Fingerspitzen schnell gegeneinander. Die Fingerspitzen sollen sich treffen. Steuere die Finger mit den Augen, nicht mit dem Gefühl. Kneife ein Auge zu und wiederhole den Versuch.

- [ ] Wenn beide Augen in die gleiche Richtung sehen, geht es besser.
- [ ] Mit einem Auge geht es besser.

ABC – die Katze läuft im Schnee 11

Sind die Tiere alleine oder halten sie sich in einer Gruppe auf?

☐ Alleine ☐ Alle in einer Gruppe

Das Fell ist

☐ dünn ☐ dick

CHECK-KARTE TIGER, LÖWE

„Arbeitskleidung": Tarnfarbe

„Sonderausstattung": dolchartige Zähne

„Beruf": Jäger

Es ist

☐ sandfarben (beige) ☐ gelb ☐ orange

☐ gelb-schwarz gestreift

☐ braun-schwarz-weiß gestreift

Am Ende des Schwanzes ist

☐ eine Quaste („Pinsel") ☐ keine Quaste

Ein gestreiftes Fell bietet eine gute Tarnung

☐ im Wald

☐ in der offenen Landschaft (Steppe, Savanne*)

Tiger jagen alleine im

_____

Löwen jagen gemeinsam in der offenen

Vervollständige die Zeichnung!

Löwe oder Tiger – kommt darauf an, was du daraus machst! Achte auf Mähne, Bart und Schwanzende.

Kein Platz für große Katzen. Noch vor 2000 Jahren hat es in der heutigen Türkei Löwen gegeben.

Einsamer Jäger

Der Tiger ist in Gebieten, in denen er nicht stark bejagt wird, tag- und dämmerungsaktiv. Tiger brauchen ausreichend Großwild, genügend Deckung und Wasser. Sie markieren ihre Reviere an markanten Punkten mit Harn. Diese Marken dienen gleichzeitig der Verständigung mit anderen Tigern. Wenn ein anderer Tiger diese Marken entdeckt, weiß er: Hier finde ich einen Partner, oder Achtung: Hier wohnt ein Rivale.

Ihrer Beute lauern sie meist an einem Wasserloch auf und töten sie nach einem Ansprung. Nur selten einmal wird ein altes oder krankes Tier zu einem gefürchteten „Menschenfresser". Das Weibchen bringt 2–4 Junge zur Welt, die es 5–6 Monate säugt. Bis zum Alter von 11 Monaten bleiben die Jungen bei der Mutter, von der sie das Jagen lernen.

Das gestreifte Fell bietet dem Tiger eine hervorragende Tarnung. Er schleicht sich unauffällig an seine Beute heran. Wenn ihn sein Opfer bemerkt, ist es oft zu spät.

Tiger – kein Sieger

Alle Tigerarten sind von der Ausrottung bedroht. Die Chinesen glauben, dass alle Teile des Tigers als Medizin wirken und zahlen Wilderern enorme Summen. In den Zoos leben mehr Sibirische Tiger als in freier Wildbahn.

Tiger gibt es in vielen Unterarten. Die größte lebende Katze ist der Sibirische Tiger mit einer Körperlänge von 140–280 cm.

König ohne Manieren

Im Gegensatz zu den meisten Katzen leben Löwen gesellig in Rudeln. Kennzeichen der Männchen ist eine prächtige Kopfmähne. Die Weibchen bleiben in der Regel ihr Leben lang in der Gruppe, während die Männchen alle 3–4 Jahre von jüngeren Rivalen vertrieben werden. Junge Männchen werden von den Alten aus dem Rudel vertrieben und schließen sich zu „Jung-

ABC – die Katze läuft im Schnee 13

gesellenrudeln" zusammen, bis sie selbst die Führung in einer gemischten Gruppe übernehmen.

In einem Rudel herrscht meist keine spezielle Rangordnung. Löwinnen jagen oft gruppenweise. Dann greifen sie eine Herde von verschiedenen Seiten an. Wenn sie Erfolg gehabt haben, fressen die kräftigeren Männchen zuerst, die Weibchen müssen mit den Resten vorliebnehmen.

Löwen töten ihre Beute durch Genick- oder Kehlbiss. Mütter ziehen ihre Jungen gemeinsam auf und gestatten sogar fremden Jungen das Saugen!

Löwen klettern nur ungern auf Bäume und schwimmen nur sehr widerwillig.

Löwen sind gesellige Tiere. Jagen, fressen und zur Tränke: Alles wird im Rudel erledigt. Am liebsten aber schlafen Löwen (bis zu 20 Stunden am Tag). Die Jungtiere wollen lieber spielen und versuchen, die Erwachsenen, zum Mitmachen zu bewegen.

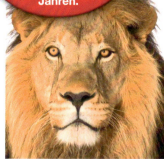

Die tolle Mähne wächst den Löwenmännchen erst ab einem Alter von 3,5 Jahren.

	Tiger *Panthera tigris*	**Löwe** *Panthera leo*
Kopf-Rumpf-Länge	bis 2,90 m	bis 2,00 m
Körperhöhe	bis 1,05 m	bis 0,85 m
Gewicht	bis 250 kg	bis 225 kg
Geschlechtsreife	mit ca. 4 Jahren	mit 3 Jahren
Tragezeit	103–110 Tage	100–112 Tage
Höchstalter im Zoo	25 Jahre	30 Jahre
Alter in freier Wildbahn	ca. 15	ca. 13
Lebensraum	tropischer Dschungel, Kiefern- und Eichenwälder, in Wassernähe	Buschsteppe, Savanne, Halbwüste, Afrika, kleiner Restbestand in Vorderindien
Futter	Hirsche, Wildschweine, junge Rinder	Zebras, Gnus, auch Aas

ELEFANTEN – die Giganten

Elefanten sprechen in einer so tiefen Tonlage miteinander, dass wir Menschen sie nicht hören können.

Elefanten begrüßen sich mit einem liebevollen Verhakeln der Rüssel. Diese Rüssel haben keine Knochen oder Knorpel, dafür aber rund 40.000 Muskeln. Sie sind so kräftig, dass sie damit einem Baum entwurzeln, und so sensibel, dass sie damit ein Blatt vom Boden aufheben können. Mit dem Rüssel besprühen sie sich mit Wasser und trompeten laut. Elefanten sind immer hungrig, sie fressen ca. 225 Kilogramm Pflanzen und saufen bis zu 150 Liter Wasser täglich.

Deine Beobachtung:

Tier:

Beobachte die Tiere und lies die Informationstafeln am Gehege. Kreuze an.

Kleidung
- [ ] Fell
- [ ] Haut
- [ ] Federn

Fortbewegung
- [ ] Hände/Füße
- [ ] Hufe
- [ ] Pfoten
- [ ] Flossen
- [ ] Flügel

Sinnesorgane
Ohr
- [ ] klein
- [ ] groß
- [ ] beweglich
- [ ] nicht sichtbar

Auge
- [ ] klein
- [ ] groß
- [ ] seitlich
- [ ] nach vorn gerichtet

Rüsselspitze
- [ ] ein Finger
- [ ] zwei Finger

- [ ] Badet gerne
- [ ] Badet freiwillig nie

Nahrung
- [ ] Fleisch
- [ ] Gras
- [ ] Früchte
- [ ] Fisch
- [ ] Blätter
- [ ] Gemüse

Werkzeug
- [ ] Mahlzähne (kann kauen)
- [ ] Dolchzähne (kann nicht kauen)
- [ ] _____

Das Tier lebt
- [ ] an Land
- [ ] im Wasser
- [ ] in der Luft

Entdecken und erleben

ARBEITSBLATT 4
Elefant

OHREN

Afrikanischer Elefant
Das Ohr dieses Elefanten gleicht eher dem Umriss Afrikas auf der Landkarte.

Asiatischer/Indischer Elefant
Das Ohr dieses Elefanten sieht eher aus wie Indien auf der Landkarte.

Schau dir die Elefanten genau an!

Wie viele Tiere sind auf der Anlage?

_____

Sind es
- [ ] Asiatische (Indische) oder
- [ ] Afrikanische Elefanten?

Die Tiere haben sichtbare Stoßzähne
- [ ] Ja
- [ ] Nein

Was machen Elefanten mit ihren Ohren?
- [ ] Sie halten sie eng am Kopf
- [ ] Sie halten sie weit vom Kopf entfernt
- [ ] Sie wedeln mit ihnen

Die Ohren der Elefanten sind stark durchblutet. Wenn die Elefanten mit den Ohren wedeln, kühlt das Blut ab.

ELEFANTEN – die Giganten 17

CHECK-KARTE ELEFANT

„Arbeitskleidung": große Ohren zur Kühlung

„Sonderausstattung": Rüssel

„Beruf": Spezialist für nährstoffarmes Futter

Welche Elefantenart lebt in der heißen Savanne, welche Art im kühleren Wald?

Afrikanische Elefanten leben in der _____

Asiatische/Indische Elefanten leben im _____

Vervollständige die Zeichnung!

Achte auf Ohren, Rüsselspitze, Schwanz, Zehennägel, Stoßzähne, Rücken und Kopfform.

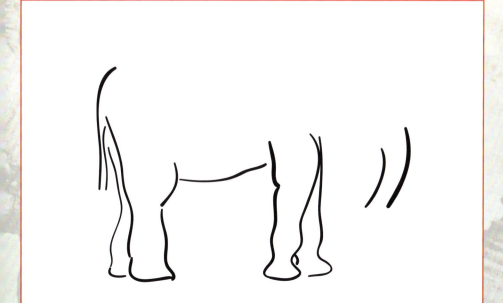

Ein Elefant wiegt so viel wie fünf PKWs und ist das schwerste lebende Landsäugetier

Der Rüssel

Ihr Rüssel ist ein mächtiges und sehr bewegliches Organ, das aus Nase und Oberlippe entstanden ist. Die Tiere riechen, tasten und greifen damit; er ist ein Werkzeug, das der Nahrungs- und Flüssigkeitsaufnahme, der Körperpflege und der Kontaktpflege, aber auch als Waffe dient. Beim Trinken saugt der Elefant die Menge von ca. 40 Gläsern Limo in den Rüssel und spritzt sie sich dann ins Maul. In der Dürrezeit dient der Rüssel als Werkzeug, mit dem die Elefanten in ausgetrockneten Flussbetten nach Wasser graben. Das Leben vieler anderer Tiere hängt in solchen Trockenzeiten von den Elefanten ab.

Dicke Haut?

Die Bezeichnung „Dickhäuter" stimmt nicht, denn die Haut ist nicht dick und unempfindlich. Sie ist 2–4 cm stark und gut durchblutet.

Die Zähne

Die Stoßzähne der Elefanten sind die verlängerten Schneidezähne. Bei den Asiatischen Elefanten können die Stoßzähne jedoch auch stark zurückgebildet sein

Asiatische/Indische Elefanten werden seit Jahrhunderten zur Arbeit eingesetzt. Im Wald ersetzen sie Traktoren und helfen bei der nachhaltigen Nutzung der Wälder. Leider werden sie dazu immer noch in freier Wildbahn gefangen. Wir müssen lernen, Elefanten zu züchten.

ELEFANTEN – die Giganten

oder fehlen. Sie bestehen zur Hauptsache aus Elfenbein. Wegen des Elfenbeins werden die Elefanten von Wilderern gejagt.

Groß wie Ziegelsteine sind die Mahlzähne eines Elefanten. Ein Zahn hält ca. 10 Jahre, dann ist er verbraucht. Ein Elefant bekommt 6-mal in seinem Leben Zähne, dann kann er keine Nahrung mehr zerkleinern – er muss verhungern. Schon dadurch ist die Lebensdauer des Elefanten auf etwa 60–70 Jahre begrenzt.

In freier Wildbahn werden Afrikanische Elefanten jedoch selten älter als 40 Jahre und Asiatische nur ausnahmsweise älter als 50 Jahre.

Elefantenherden werden immer von einer Leitkuh geführt.

Die Elefantenbullen leben in der Nähe der Weibchen und Kinder und kommen gerne zu Besuch, wenn ein Weibchen zur Paarung bereit ist.

Mach mit:
Wer Elefanten helfen will zu überleben, kauft keine Dinge aus Elfenbein.

	Afrikanischer Elefant *Loxodonta africana*	**Asiatischer** (Indischer) **Elefant** *Elephas maximus*
Kopf-Rumpf-Länge	6–7,5 m	5–6,5 m
Schulterhöhe	bis 4 m	bis 3,5 m
Gewicht	bis 6000 kg (6 Tonnen)	bis 5000 kg (5 Tonnen)
Geschlechtsreife	mit ca. 12 Jahren	mit ca. 12 Jahren
Tragezeit	ca. 1 Jahr und 10 Monate	ca. 1 Jahr und 10 Monate
Höchstalter im Zoo	ca. 60	ca. 60
Alter in freier Wildbahn	ca. 30	ca. 35
Lebensraum	Savanne*, Steppe[1]	Wald
Futter	Gras, Laub, Holz	Laub, Holz

[1]Es gibt auch einen kleineren Waldelefanten.

MENSCHENAFFEN –
haarige Verwandte

Eine Affenliebe? – Babys sind ja so süß! Ein herzerweichender Blick aus großen, strahlenden Kulleraugen, runde Formen, oft ein kuscheliges Fell und tapsige Bewegungen und schon schmelzen die meisten Erwachsenen hin. Das „Kindchenschema" löst bei uns einen Beschützerinstinkt aus und schon wollen wir helfen.

Anscheinend nicht nur wir, denn viele Säugetierbabys sind süß. Niedliche Kinder werden von ihren Eltern besser versorgt. Menschen- und Menschenaffenkinder bleiben sehr lange süß. Ihre Mütter kümmern sich jahrelang um sie. Neue Forschungen zeigen, dass Orang-Utan-Weibchen nur alle 8 Jahre ein Baby bekommen.

ARBEITSBLATT 5
Gorilla, Schimpanse, Orang-Utan

Deine Beobachtung:

Tier: _____

Beobachte die Tiere und lies die Informationstafeln am Gehege. Kreuze an.

Kleidung
- [ ] Fell
- [ ] Haut
- [ ] Federn

Fortbewegung
- [ ] Hände/Füße
- [ ] Hufe
- [ ] Pfoten
- [ ] Flossen
- [ ] Flügel

Sinnesorgane
Ohr
- [ ] klein
- [ ] groß
- [ ] beweglich
- [ ] nicht sichtbar

Auge
- [ ] klein
- [ ] groß
- [ ] seitlich
- [ ] nach vorn gerichtet

Nase nach
- [ ] oben
- [ ] unten
- [ ] geradeaus

- [ ] Sind aktiv
- [ ] Ruhen

Nahrung
- [ ] Fleisch
- [ ] Fisch
- [ ] Gras
- [ ] Blätter
- [ ] Früchte
- [ ] Gemüse

Werkzeug
- [ ] Mahlzähne (kann kauen)
- [ ] Dolchzähne (kann nicht kauen)
- [ ] _____

Das Tier lebt
- [ ] an Land
- [ ] im Wasser
- [ ] in der Luft

Entdecken und erleben

Wie viele Tiere sind auf der Anlage?

_____ Männchen

_____ Weibchen

_____ Junge

HÄNDE

Welche Hand gehört zu wem?

1. _____
2. _____
3. _____
4. _____

1 Mensch, 2 Schimpanse, 3 Orang-Utan, 4 Gorilla

MENSCHENAFFEN – haarige Verwandte 23

Geschlechtsunterschiede bei Menschenaffen:

Orang-Utan-Männchen haben einen großen Kehlsack und dicke Backenwülste.

Gorillamännchen haben einen „Silberrücken" und einen gewaltigen Schädelkamm.

Schimpansenweibchen haben oft einen auffällig rot geschwollenen Po (= Brunstgeschwür*).

CHECK-KARTE GORILLA, SCHIMPANSE, ORANG-UTAN

„Arbeitskleidung": dichtes Fell als Regenschutz

„Sonderausstattung": Hände

„Beruf": Allround Handwerker

Affen haben einen Daumen. Der Daumen kann den Fingern gegenübergestellt werden, deshalb können Affen greifen.

Wenn wir Dinge in die Hand nehmen, lernen wir sie genauer kennen und begreifen sie.

Wie setzen die Tiere Hände und Füße auf dem Boden auf?

Mache es nach.

Was machen die Tiere mit den Händen?

☐ Sie spielen miteinander
☐ Sie lausen sich gegenseitig
☐ Sie spielen mit Gegenständen
☐ Sie führen Essen zum Mund
☐ Sie klettern

Wo halten sich die Tiere auf?

☐ Auf dem Boden
☐ Oben in den Klettermöglichkeiten

Einige Affen können hangeln.

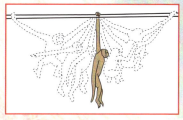

Wenn sie hangeln, ist der Daumen

☐ auf derselben Seite wie die Finger
☐ den Fingern gegenübergestellt

Das Fell der Tiere ist

☐ dünn
☐ dick
☐ lang
☐ kurz
☐ dicht

Menschenaffen können viel lernen, sie können Handlungen vorausplanen, Werkzeuge herstellen und gebrauchen.

Menschenaffen

Menschenaffen sind unsere nächsten Verwandten – unsere haarigen Vettern. Wie wir Menschen haben sie keinen Schwanz und können geschickt mit ihren Händen „hantieren". Anders als wir haben sie aber 4 Hände und laufen auf dem Boden teils auf allen vieren, teils auf 3 Händen oder selten aufgerichtet.

Schimpansen nutzen Steine zum Nüsseknacken. Im Zoo hantieren die Menschenaffen mit vielen Gegenständen. Im Gegensatz zu uns fehlt ihnen aber eine Sprache, mit der sie sich auch über komplizierte Dinge unterhalten könnten.

Orang-Utan ist malaiisch und bedeutet „Waldmensch". Die Orang-Utan-Männer haben Backenwülste und einen Kehlsack und sind viel größer als die Weibchen. Orang-Utans sind Einzelgänger.

Orang-Utans leben auf Bäumen und bauen sich jede Nacht ein neues Schlafnest.

Mach mit: Wer Menschenaffen helfen will, benutzt kein Tropenholz.

Gorillas leben im Harem, das heißt, ein Mann lebt mit mehreren Frauen zusammen. Weil er der einzige Mann ist, kann er sicher sein, dass alle Kinder von ihm stammen. Gorillamänner sind liebevolle Väter. Im Zoo kannst du oft beobachten, wie sie mit ihren Kindern spielen.

MENSCHENAFFEN – haarige Verwandte 25

Bedroht

Ob die Menschenaffen überleben, ist auch eine haarige Sache: Die afrikanischen Menschenaffen stehen besonders durch Wilderei vor der Ausrottung, ihr Fleisch wird als Leckerbissen in den Großstädten geschätzt. Seit durch den Urwald Straßen gebaut werden, um Tropenholz abzubauen, kommen die Wilderer in Gebiete, die früher für Menschen unerreichbar waren.

Die europäischen Zoos haben 1,8 Millionen Unterschriften gesammelt und versuchen die Staatsmänner in Afrika zu bewegen, die letzten Menschenaffen besser zu schützen.

Schimpansen gebrauchen regelmäßig Werkzeuge. Um an leckere Termiten (Insekten) heranzukommen, bearbeiten sie Stöcke, bis sie als „Angeln" taugen. Die Angeln stecken sie in die Gänge des Termitenbaus und lecken die Termiten ab, die sich am Stock festgebissen haben.

	Schimpanse *Pan troglodytes*	**Gorilla** *Gorilla gorilla*	**Orang-Utan** *Pongo pygmaeus*
Größe im Stehen	1,3–1,7 m	1,3–1,8 m	bis 1,5 m
Gewicht	45–75 kg	70–140 kg 135–275 kg	40 kg bis 100 kg
Geschlechtsreife	mit ca. 7 Jahren	mit 9–10 Jahren	mit 10 Jahren
Tragezeit	216–261 Tage	251–289 Tage	275 Tage
Höchstalter im Zoo	über 50	ca. 40	ca. 33
Lebensraum	Urwälder, im Flachland und im Gebirge	Urwälder, im Flachland und im Gebirge	Urwälder in Borneo und Sumatra
Futter	Früchte, Blätter, Knospen, Rinde, tierische Nahrung	Früchte, Blätter, Rinde, kein Fleisch	Früchte, Blätter, Knospen, Rinde, kein Fleisch

ROBBEN – Fett ist nett

Robben sind Säugetiere, die ihre Jungen im Wasser säugen können.

Eine Lufttemperatur von 18°C empfinden wir als frühlingshaft mild, Wasser von 18°C als eiskalt. Wie kommt das? Vögel* und Säugetiere* sind gleichwarm, das heißt, ihre Körpertemperatur hängt nicht von der Außentemperatur ab. Wir Menschen sind ungefähr 38°C warm. Wenn wir krank sind, steigt die Körpertemperatur und wir haben Fieber (über 41°C besteht Lebensgefahr). Wenn unsere Körpertemperatur sinkt, können wir erfrieren. Luft leitet Wärme ganz schlecht, Wasser jedoch sehr gut. Wasser entzieht unserem Körper also viel mehr Wärme als Luft. Gleichwarme Tiere, die im Wasser leben, haben oft eine dicke Fettschicht. Diese Fettschicht schützt den Körper vor Auskühlung.

Deine Beobachtung:

Tier: _____

Beobachte die Tiere und lies die Informationstafeln am Gehege. Kreuze an.

Kleidung
- ☐ Fell
- ☐ Haut
- ☐ Federn

Fortbewegung
- ☐ Hände/Füße
- ☐ Hufe
- ☐ Pfoten
- ☐ Flossen
- ☐ Flügel

Sinnesorgane
Ohr ☐ klein ☐ beweglich
☐ groß ☐ nicht sichtbar
Auge ☐ klein ☐ seitlich
☐ groß ☐ nach vorn gerichtet
Nase nach ☐ oben ☐ unten
☐ geradeaus
☐ Tasthaare über den Augen
☐ Tasthaare um die Schnauze

Nahrung
- ☐ Fleisch ☐ Fisch
- ☐ Gras ☐ Blätter
- ☐ Früchte ☐ Gemüse

Werkzeug
- ☐ Mahlzähne (kann kauen)
- ☐ Dolchzähne (kann nicht kauen)
- ☐ _____

Das Tier lebt
- ☐ an Land ☐ im Wasser
- ☐ in der Luft

ARBEITSBLATT 6
Seehund, Seelöwe

Entdecken und erleben

Ohrenrobbe (Seelöwe) *Hundsrobbe (Seehund)*

Wie viele Tiere sind auf der Anlage/im Wasser? ☐

Wo halten sich die Tiere auf?
☐ Im Wasser ☐ An Land

Sind es **Hundsrobben** *oder* **Ohrenrobben**?
- ☐ Sichtbare Ohrmuscheln
- ☐ Keine Ohrmuscheln
- ☐ Laufen an Land auf allen Vieren
- ☐ „Robben" auf dem Bauch

Sie erzeugen den Antrieb im Wasser
- ☐ mit den Vorderflossen
- ☐ mit den Hinterflossen

Hundsrobbe *Ohrenrobbe*

ROBBEN -
Fett ist nett 29

WÄRMEISOLIERUNG

Die Fettschicht ist nur wenig durchblutet und hält die Robbe warm wie die Thermoskanne den Kaffee.

CHECK-KARTE SEEHUND, ~~SEELÖWE~~

„Arbeits-kleidung": dünnes Fell, dicke Fettschicht
„Sonderaus-stattung": Fleischfressergebiss
„Beruf": Fischer

Selbst in warmem Wasser frieren wir nach einiger Zeit. Die Robben nicht.

- [ ] Sie haben ein dickes Fell
- [ ] Sie haben ein dünnes Fell
- [ ] Robben sind schlank
- [ ] Sie sind dick

Unter dem Fell schützt eine dicke _____ die Robben vor der Kälte.

Fettschicht

Wieso haben die Robben kein dickes Fell?

- [ ] Sie leben im Warmen
- [ ] Ein dickes Fell sieht nicht gut aus
- [ ] Ein dickes Fell wird im Wasser nass und schwer

Vervollständige die Zeichnung!

Zeichne am Gehege die fehlenden Teile (Nase, Ohren, Tasthaare, Schwanz) ein!

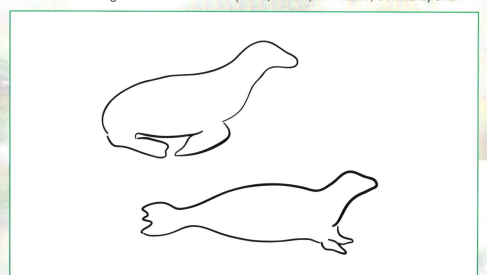

Robben – mit allen Wassern gewaschen. Sie kommen in allen Weltmeeren vor. Einige leben sogar an den Küsten der Polgebiete.

Die Barthaare der Robben sind außerordentlich empfindliche Tastorgane. Wahrscheinlich helfen sie ihnen im trüben Wasser bei der Orientierung. Untersuchungen im Zoo haben gezeigt, dass sie mit den Barthaaren unterschiedlich geformte Gegenstände von der Größe eines Cent unterscheiden können.

Robben sind Raubtiere. Sie jagen im Wasser, ihr Fell verrät, dass sie Säugetiere* sind. Vor der Kälte des Wassers schützt sie meist eine dicke Fettschicht. Sie haben einen spindelförmigen (eiförmigen) Körper und Flossen. Im Gesicht haben sie einen Schnauzbart. Ihre Nasenlöcher können sie öffnen und schließen. Obwohl sie auf den ersten Blick sehr ähnlich aussehen, kannst du leicht drei Familien unterscheiden:

Hundsrobben, Ohrenrobben und Walrösser.

Hundsrobben (Seehunde)

haben keine sichtbaren Ohrmuscheln und werden 2 m lang. Manche werden wegen ihres Fells gejagt. Hundsrobben „robben" mit den Vorderflossen an Land und schwimmen mit den Hinterflossen. Zu ihnen gehören Ringelrobbe, Kegelrobbe, Klappmütze, See-Elefant und Seeleopard.

Ohrenrobben

sind Robben mit kleinen äußeren Ohrmuscheln. Sie laufen an Land auf allen 4 Flossen und schwimmen mit den Vorderflossen. Du kannst Seelöwen und Seebären an ihrem Fell unterscheiden; das dickere Fell des Seebären heißt Seal (sprich: Siel).

Walrösser

haben keine sichtbaren Ohrmuscheln. Ihre oberen Eckzähne sind zu starken Hauern umgewandelt (Walross-Elfenbein). Sie werden wegen ihres Fetts (Tran), Leders und ihrer Zähne gejagt.

Wissenschaftlicher Name	
Kopf-Rumpf-Länge (Männchen oft größer)	
Gewicht	
Geschlechtsreife	
Tragezeit	
Höchstalter im Zoo	
Lebensraum	
Futter	

ROBBEN – Fett ist nett   31

Robben sind vielfach gefährdet.

Mit ihren natürlichen Feinden sind sie seit Millionen von Jahren fertiggeworden.

Auch die Jagd mit primitiven Waffen gefährdet sie nicht ernsthaft. Die Jagd mit modernen Waffen muss streng kontrolliert werden.

Auch verfangen sich viele Tiere als ungewollter Beifang in den Schleppnetzen oder verenden in verlorenen Netzresten.

Die großen Augen der Robben machen sie uns sympathisch. Auch ihre an Land unbeholfen wirkende Fortbewegung erinnert uns an Kinder. Die Robben entsprechen dem „Kindchenschema".

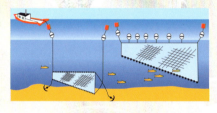

Gefährdet sind die Robben durch Nahrungsmangel, der durch die Überfischung der Meere verursacht wird. Die größte Gefahr stellt aber die Verschmutzung der Meere dar. Gifte sammeln sich im Körper der Tiere an und machen sie für Krankheiten anfällig. Schleppnetze sind bis zu 20 km lang und 15 m hoch.

Mach mit:
nur Fisch aus nachhaltig genutzten Fischbeständen kaufen.

Hundsrobben	**Ohrenrobben**	**Walross**
Seehund	Kalifornischer Seelöwe	Walross
Phoca vitulina	Zalophus californianus	Odobenus rosmarus
1,20–1,95 m	1,75–2,5 m	3,40–3,75 m
50–100 kg	90 kg–200 kg	800–1500 kg
mit ca. 3–4 Jahren	mit ca. 4–5 Jahren	ca. mit 4–5 Jahren
ca. 10,5–11 Monate	8–9 Monate	14 Monate
ca. 32	ca. 27	ca. 17
Küsten der nordpolaren bis gemäßigten Zone	Westküste, Mittel- bis gemäßigten Zone	Meere des Nordens
Fische, Muscheln, Krebse	Fische, Tintenfische, Kopffüßer, Krebse	Muscheln, Schnecken, Krebse

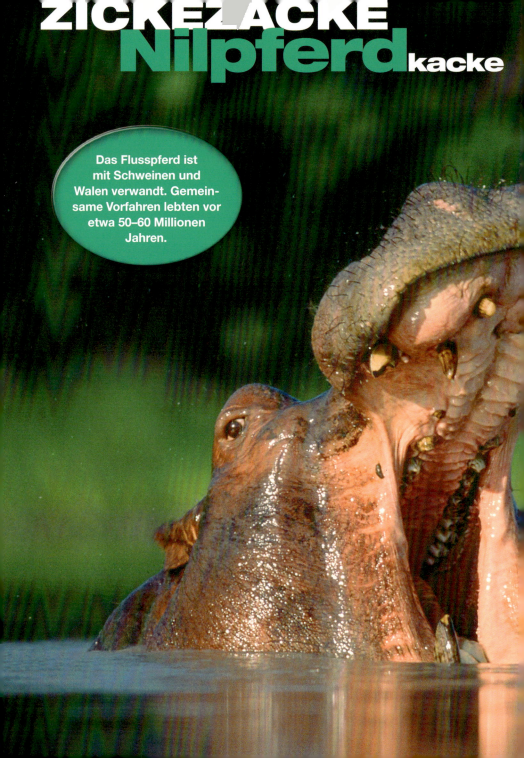

ZICKEZACKE Nilpferdkacke

Das Flusspferd ist mit Schweinen und Walen verwandt. Gemeinsame Vorfahren lebten vor etwa 50–60 Millionen Jahren.

Fluss- oder Nilpferde leben in trübem Wasser, wo Feinde sie schlechter entdecken können. Im Zoo sorgen sie selbst dafür, dass das Wasser immer schön trüb ist. Wenn der Tierpfleger sie ins frische Wasser lässt, markiert der Bulle erst einmal das Revier. Und wie macht er das? Der Kot von Nilpferden ist dünn wie Durchfall, wenn er zu fließen beginnt, verquirlt der Bulle den Kot mit seinem dreieckigen Schwanz im Wasser. Im trüben Wasser dösen die Tiere dann den ganzen Tag. Flusspferde schwimmen nicht gerne, sie laufen lieber auf dem Grund von Seen und Flüssen. Nilpferdmütter stützen ihre Kinder oft mit der Schnauze, damit sie es im Wasser bequem haben.

Deine Beobachtung:

Tier: _____

Beobachte die Tiere und lies die Informationstafeln am Gehege. Kreuze an.

Kleidung
- [ ] Fell
- [ ] Haut
- [ ] Federn

Fortbewegung
- [ ] Hände/Füße
- [ ] Hufe
- [ ] Pfoten
- [ ] Flossen
- [ ] Flügel

Sinnesorgane
Ohr
- [ ] klein
- [ ] groß
- [ ] beweglich
- [ ] nicht sichtbar

Auge
- [ ] klein
- [ ] groß
- [ ] seitlich
- [ ] nach vorn gerichtet

Nase nach
- [ ] oben
- [ ] unten
- [ ] geradeaus

Flusspferde reißen das Maul auf und drohen mit den „Hauern" (Eckzähnen).

Nahrung
- [ ] Fleisch
- [ ] Gras
- [ ] Früchte
- [ ] Fisch
- [ ] Blätter
- [ ] Gemüse

Werkzeug
- [ ] Mahlzähne (kann kauen)
- [ ] Dolchzähne (kann nicht kauen)
- [ ] _____

Das Tier lebt
- [ ] an Land
- [ ] im Wasser
- [ ] in der Luft

Entdecken und erleben

ARBEITSBLATT 7
Flusspferd, Zwergflusspferd

Wie viele Tiere sind an Land? _____

Wie viele Tiere sind im Wasser? _____

Was tun die Flusspferde?
- [ ] Fressen
- [ ] Schlafen/Ruhen
- [ ] Schwimmen
- [ ] Spielen

Stoppe mit einer Uhr, wie lange die Flusspferde tauchen.

_____ Min.

Flusspferde
- [ ] schwimmen schneller als Fische
- [ ] laufen lieber über den Grund

Wer Fische fressen will, muss sehr schnell schwimmen können.

Flusspferde
- [ ] fressen Fische
- [ ] sind Pflanzenfresser

ZICKEZACKE
Nilpferdkacke 35

MARKIERUNG

Hunde heben an jeder Ecke das Bein, nicht weil sie so oft „müssen", sondern um anderen Hunden etwas mitzuteilen.

Sie markieren. Viele Tiere markieren ihr Revier mit Kot oder Urin.

Flusspferde markieren ihr Revier und ihre Wege mit Kot.

CHECK-KARTE FLUSSPFERD, ZWERGFLUSSPFERD

„Arbeitskleidung": Haut

„Sonderausstattung": breite Mahlzähne

„Beruf": Rasenmäher

Warum ist das Wasser so schmutzig?
- [ ] Es wird nicht oft genug sauber gemacht.
- [ ] Das Erste, was ein Flusspferd macht, wenn es in sauberes Wasser kommt: Es markiert mit Kot.

- [ ] Flusspferde öffnen die Nasenlöcher, wenn sie auftauchen.
- [ ] Sie schließen sie beim Tauchen.

Im Wasser drehen sie die Ohren, wenn sie auftauchen,
- [ ] um das Wasser zu entfernen
- [ ] um sich zu begrüßen
- [ ] um Feinde abzuschrecken

Zeichne die Wasserlinie ein!

Welche Körperteile ragen aus dem Wasser?
Wo kommen die Töne her, die das Flusspferd macht?

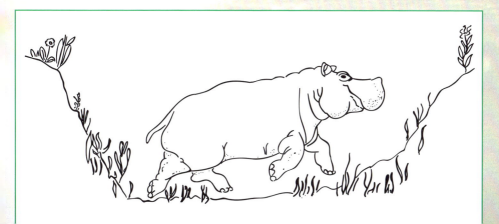

Zahnarzt, nein danke! Wenn ein Eckzahn einmal abbricht, wächst er wieder nach.

Flusspferde lieben Geselligkeit.

Im Wasser laufen sie lieber, als dass sie schwimmen.

Die Gestalt

Die Haut der Flusspferde ist glatt und glänzend. Haare haben sie nur an der Schnauze, als Wimpern, an den Ohrrändern und am Schwanz. Der kurze Schwanz ist platt und breit.

Die prallen, abgerundeten Körperformen werden nicht wie bei Walen oder Robben durch eine Fettschicht verursacht. Flusspferde sind einfach dick. Ein massiger Körper kühlt im Wasser nicht so schnell aus wie ein schlanker.

Die Nasenlöcher werden beim Tauchen verschlossen. Die Zehen sind durch kleine Schwimmhäute miteinander verbunden.

Flusspferde

Flusspferde bilden Herden von 10–20 Tieren, die vorwiegend aus erwachsenen Kühen und Jungtieren bestehen. Jede Herde besetzt ein Stück Ufergelände und hält sich tagsüber vorzugsweise im Wasser auf. Nachts verlassen die Tiere das Wasser und erklimmen die Ufer, um Gras zu fressen. Flusspferde können erstaunlich gut klettern.

Das Junge wird im Wasser geboren. Das Neugeborene, das immerhin 40–50 kg wiegt, wird von der Mutter auf die breite Schnauze genommen und an die Wasseroberfläche gehoben, damit es Luft holen kann. Saugen muss das Junge unter Wasser.

Flusspferdbullen markieren ihr Territorium, indem sie an bestimmten Plätzen durch heftiges Wedeln mit dem Schwanz Kot und Urin verspritzen. So entstehen an den Markierungsplätzen Dunghaufen von 1m Höhe und 2m

Flusspferde drohen mit ihren Hauern (Eckzähnen).

ZICKEZACKE
Nilpferd kacke 37

Aufgetaucht schauen Augen, Ohren und Nase aus dem Wasser.

Durchmesser. Auch im Zoo markieren die Flusspferde ihr Revier mit Kot, deshalb ist ihr Wasser immer trübe.

Zwergflusspferde

Zwergflusspferde wurden erst vor 150 Jahren entdeckt. Sie leben an Ufern von Bächen, Flüssen oder Seen und gehen zum Fressen auch in Wälder. Sie sind Einzelgänger. Nur während der Paarungszeit finden die Partner für kurze Zeit zusammen. Bei Gefahr fliehen sie ins Wasser.

Zwergflusspferd-Babys werden an Land geboren und können erst im Alter von einer Woche schwimmen. Das Junge wird täglich zwei- bis dreimal gesäugt. Nach zwei bis drei Wochen wiegt das Baby doppelt so viel wie bei der Geburt. Sie markieren ihr Revier, indem sie durch schnelles Schwanzwedeln Kot und Urin verspritzen.

Zwergflusspferde leben eher einzelgängerisch. Sie verbringen mehr Zeit an Land als ihre großen Verwandten.

	Flusspferd (Nilpferd) Hippopotamus amphibius	**Zwergflusspferd** Choeropsis liberiensis
Kopf-Rumpf-Länge	bis 450 cm	bis 150 cm
Schwanzlänge	10–15 cm	ca. 8 cm
Gewicht	bis 3200 kg	bis 260 kg
Geschlechtsreife	Bullen mit 3, Weibchen mit 4 Jahren	mit 4–5 Jahren
Tragezeit	ca. 240 Tage	ca. 200 Tage
Höchstalter im Zoo	über 50	bis 35
Alter in freier Wildbahn	bis 40	ca. 25
Lebensraum	Ufer von Seen und Flüssen	tropische Regenwälder in Westafrika
Futter	Gras	Pflanzen, Laub, Gräser, Wasserpflanzen, Früchte, Knollen und Wurzeln

GREIFE
immer auf Streife

Eulen hören so gut, dass sie ihre Beute auch in völliger Dunkelheit finden können.

Sprichwörtlich ist das gute Sehvermögen der Greifvögel, das Adlerauge. Aus vielen Hundert Metern Höhe entdecken sie die kleinste Bewegung am Boden.
Die Augen der Eulen sind so groß, dass sie unbeweglich in den Augenhöhlen festsitzen. Diesen Nachteil können die Eulen ausgleichen, indem sie ihren Kopf drehen. Eulen können den Kopf bis über den Rücken hinaus drehen und auf die andere Seite sehen.

Deine Beobachtung:

Tier: _____

Beobachte die Tiere und lies die Informationstafeln am Gehege. Kreuze an.

Kleidung
☐ Fell
☐ Haut
☐ Federn

Fortbewegung
☐ Hände/Füße
☐ Hufe
☐ Pfoten
☐ Flossen
☐ Flügel

Sinnesorgane
Ohr ☐ klein ☐ beweglich
    ☐ groß   ☐ nicht sichtbar
Auge ☐ klein ☐ seitlich
     ☐ groß ☐ nach vorn gerichtet
Nase nach ☐ oben ☐ unten
          ☐ geradeaus

Eulen haben eine „Wendezehe": zwei zeigen nach vorn, zwei nach hinten.

Nahrung
☐ Fleisch   ☐ Fisch
☐ Gras   ☐ Blätter
☐ Früchte   ☐ Gemüse

Werkzeug
☐ Krummschnabel (kann hacken und reißen)
☐ Spitzschnabel (kann picken)

Das Tier lebt
☐ an Land ☐ im Wasser
☐ in der Luft

ARBEITSBLATT 8
Eulen, Adler, Falken

Entdecken und erleben

Eulen töten mit dem Fuß (Fang), Falken mit dem Schnabel. Die Durchschlagskraft des Fangs entspricht einer Gewehrkugel!

Wie halten die Vögel beim Fressen ihre Flügel?

☐ Die Flügel hängen schlaff herab
☐ Der Vogel breitet die Flügel um die Beute (mantelt)
☐ Die Flügel liegen am Körper an

Der Vogel
☐ ruht   ☐ fliegt

FLÜGEL

Das von mir beobachtete Tier
_____

hat den Flügeltyp
_____

Schnelligkeit 1

2 Segeln

Wendigkeit 3

GREIFE immer auf Streife 41

Sammle Gewölle, (viele Zoos geben Gewölle an Schulen ab) und finde heraus, was der Greifvogel gefressen hat. **Greifvögel würgen unverdaute Teile (Fell, Federn, Knochen) wieder aus. Die ausgewürgten Reste nennt man Gewölle.** Eulengewölle enthalten Knochen, Gewölle von Taggreifvögeln nicht.

CHECK-KARTE EULE, ADLER, FALKE

„Arbeitskleidung": **Federn**

„Sonderausstattung": **Hakenschnabel, Fänge**

„Beruf": **Jäger**

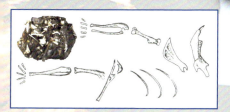

Welcher Fuß gehört einer Eule, welcher einem Taggreifvogel?

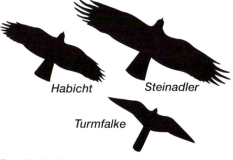

Habicht   Steinadler

Turmfalke

Der Habicht ist ein

_____ Flieger

Der Steinadler ist ein

_____ Flieger

Der Turmfalke ist ein

_____ Flieger

1) Wendiger 2) Segel- 3) Schneller

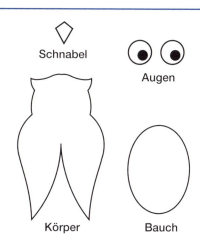

Schnabel   Augen

Körper   Bauch

Lass dir die Vorlage auf einem Fotokopierer vergrößern. Schneide die Teile aus und male sie bunt. Klebe den Bauch auf den Körper. Klebe die Augen und den Schnabel auf.

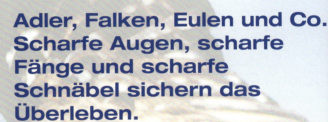

Adler, Falken, Eulen und Co. Scharfe Augen, scharfe Fänge und scharfe Schnäbel sichern das Überleben.

Greifvögel gibt es in den unterschiedlichsten Formen, Größen und Farben. Mit einer Größe von 15 cm und 30 g Gewicht ist der Borneofalke der kleinste. Der größte, der Andenkondor, hat eine Flügelspannweite von 3 m und wiegt 14 kg. Zu den Greifvögeln gehören ca. 420 verschiedene Arten. Eulen jagen nachts, die übrigen Greife tagsüber. Bei allen Unterschieden gibt es aber entscheidende Gemeinsamkeiten: gute Augen, einen gebogenen Schnabel und scharfe Krallen (= Fänge).

Bei den Greifvögeln sind im Allgemeinen die Weibchen größer als die männlichen Tiere, die man auch Terzel nennt (vom lateinischen Wort „Tertium" = ein Drittel).

Die Küken der Greifvögel schlüpfen im Abstand von einem Tag. Das älteste Küken ist also größer und stärker als seine Geschwister. In Jahren, in denen die Eltern nicht genug Futter heranschaffen können, wird nur das Älteste gefüttert. Seine Geschwister verhungern oder werden vom Ältesten gefressen. So wird wenigstens ein Kind groß.

Anders als echte Nesthocker schlüpfen die Küken der Greifvögel schon mit Daunenfedern. Man nennt sie deshalb unechte Hocker. Bis sie flügge sind, bleiben sie im Nest und werden von den Eltern gefüttert.

Der Uhu ist die größte einheimische Eule. Eulenfedern haben eine weiche, samtartige Oberfläche. Sie vermindert die Fluggeräusche und ermöglicht den Eulen einen fast lautlosen Flug.

Schleiereulen brüten 9–12 Eier aus. Wenn die Küken geschlüpft sind, fressen sie jede Nacht mindestens 16 Mäuse und 5 Ratten.